AF438303

NOTICE

SUR LES

TRAVAUX & LES PUBLICATIONS

DE

M. LOUIS MÉRY

Professeur de Littérature étrangère à la Faculté des Lettres d'Aix, Inspecteur des Monuments
Historiques des Bouches-du-Rhône, Membre de l'Académie de Marseille,
Correspondant des Académies d'Aix, de Toulon, de Montpellier,
de Lyon, de Rheims et d'Anvers.

MARSEILLE

IMPRIMERIE ET LITHOGRAPHIE JULES BARILE
Rue Sainte, 4

1868

NOTICE

SUR LES

TRAVAUX & LES PUBLICATIONS

DE

M. LOUIS MÉRY

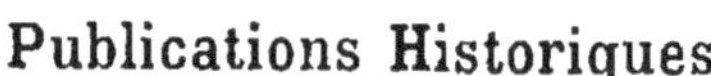

Publications Historiques

Une Histoire de Provence, en 4 volumes, in-8°,
— édition épuisée, — imprimerie Jules Barile,
Marseille, 1830.

Histoire Chronologique et Analytique des
Actes et des Délibérations du Corps et du
Conseil Municipal de Marseille, par Louis Méry
et Guindon et accompagnés de l'Histoire Commu-
nale de notre Ville, par Louis Méry, imprimés
aux frais de la Ville, après une délibération prise
sur le rapport de M. Albrand, Conseiller Municipal ;
6 volumes, in-8°, imprimerie des hoirs Feissat et
Démonchy. A l'époque où cette publication eut lieu,
M. Louis Méry, remplissait les fonctions d'archiviste
de la Mairie et ensuite il fut adjoint au Bibliothécaire
de la Ville.

La Monographie de Salvien et la thèse De Vetere Massilia, 1 volume, imprimerie des hoirs Feissat et Démonchy, Marseille, 1847.

Une Notice sur Belsunce, Évêque de Marseille, — imprimerie Rouchon, 1820.

Publications Statistiques

Une brochure sur l'Extinction de la Mendicité, par le docteur Segaud et Louis Méry, président de de la Société de Statistique ; Marseille, 1827.

Le Choléra a Marseille en 1835, — Un volume imprimé aux frais de la Ville, ainsi qu'une brochure sur le même sujet, faisant suite au volume, avec des tableaux statistiques, contenant l'indication des noms, de l'âge, du sexe et de la profession des victimes du fléau. — Imprimerie des hoirs Feissat et Demonchy, Marseille.

M. Louis Méry a fondé, en 1827, la Société de Statistique de Marseille. sous le patronage de M. le comte de Villeneuve, Préfet des Bouches-du-Rhône,

Une Collection d'articles publiés sur les épidémies, — soit dans le *Sémaphore*, dont M. Louis Méry a été pendant quinze ans le rédacteur en chef, jusqu'à sa nomination à la chaire de littérature étrangère, lors de la création de la Faculté des Lettres d'Aix, en 1846, — soit dans le *Courrier de Marseille*.

Publications Littéraires

Deux discours prononcés dans deux séances publiques de l'Académie de Marseille, dont M. Louis Méry a été élu deux fois président, et un discours de réception, tous les trois imprimés dans la collection des travaux de la Compagnie, — Imprimerie Barlatier-Feissat et Demonchy, Marseille.

LES SOUVENIRS d'un Etudiant en Droit où sont rappelés les débuts dans les lettres en province de MM. Thiers, Mignet, Giraud, Rouchon, Pascalis, Mottet, etc., 1 volume, — édition épuisée, — imprimerie Barlatier-Feissat et Demonchy, Marseille.

LES CHRONIQUES DE PROVENCE, — 2 volumes, — imprimerie Barlatier - Feissat et Demonchy, — Marseille, — édition épuisée.

EGYPTE ET PROVENCE ou les VOISINS DE SOLANS, 2 volumes, format Charpentier, imprimerie Arnaud et Cayer, Marseille, 1860.

Un Voyage en Chine, publié en feuilletons dans le *Sémaphore*, sur les notes du capitaine Montfort.

Un Voyage en Perse, également publié en feuilletons dans le même journal, sur les notes de M. l'architecte Coste, Officier de la Légion-d'Honneur, qui avait été attaché, avec M. Flandrin, peintre, à l'ambassade de M. de Sercey.

Sites et Souvenirs de Provence, 1 volume, format Charpentier, imprimé par M. Nicot, à Aix, 1855, — édition à peu près épuisée (1).

Le Discours d'ouverture du cours de littérature étrangère, imprimé à Marseille, 1847, par les hoirs Feissat et Demonchy.

Une Ode lue en 1860, au Grand-Théâtre de Marseille, en présence de l'Empereur et de l'Impératrice, et une Cantate mise en musique par M. Morel, chevalier de la Légion-d'Honneur, directeur du Conservatoire de Marseille, et chantée à la même époque devant leurs Majestés.

---

(1) Voici comment feu le poéte Méry, frère de M. Louis Méry, s'exprime sur ce dernier, dans son livre *Marseille et les Marseillais*, page 215 : — « Au mois d'octobre 1859, j'explorais à pied les terres qui s'étendent du cap Couronne à Carry; j'avais pour compagnon de promenade mon frère, professeur à la Faculté des Lettres d'Aix, alors en vacance, comme un écolier. Mon frère, qu'il ne m'est pas permis de louer, a écrit dans les journaux de sa ville natale, lui, le doyen de la presse marseillaise, vingt volumes de chroniques méridionales. »

M. Besson, Préfet des Bouches-du-Rhône, remit à M. Louis Méry une épingle de la part de Leurs Majestés.

LETTRES sur l'Algérie, sur la Corse et EXCURSIONS en Provence, publiées par le *Courrier de Marseille*.

DIVERS FRAGMENTS empruntés à un recueil de SOUVENIRS D'HISTOIRE CONTEMPORAINE, à Marseille et en Provence (1) et publiés soit dans la *Revue de Marseille et de Provence*, soit dans le *Courrier de Marseille*.

Presse Locale

En 1820, eût lieu la création d'un premier journal constitutionnel à Marseille, le *Caducée*, dont les rédacteurs étaient M. Reynard devenu ensuite député, maire et pair de France, les frères Méry — Joseph et Louis — et M. Henri de Girard, officier d'état-major et neveu de l'illustre Philippe de Girard.

En 1833, M. Louis Méry fut attaché à la rédaction du journal le *Garde National* qui prit ensuite le nom

(1) L'auteur met la dernière main à ce recueil de souvenirs qui embrasseront les divers régimes qui se sont succédé depuis et compris l'Empire.

de *Sud*, imprimerie Jules Barile. Devenu rédacteur en chef, en 1835, du *Sémaphore*, il publia dans ce journal des articles politiques, des articles sur des questions d'art et de critique littéraire, des nouvelles presque toutes consacrées à rappeler les vieux souvenirs historiques de la Provence.

M. Louis Méry a pris l'initiative de diverses créations pour lesquelles, quand l'idée première ne lui a pas appartenu, il a toujours mis sa plume, complètement désintéressée, au service de leurs fondateurs ; ce qui est attesté par ses articles sur le PRADO, sur le CANAL, sur le BOULEVARD DU NORD, sur le FORT SAINT-NICOLAS, sur l'ESCALIER MONUMENTAL DU SANCTUAIRE DE LA VIERGE-DE-LA-GARDE, sur l'ÉLARGISSEMENT DE LA RUE NOAILLES, la CRÉATION DE LA RUE IMPÉRIALE, etc., qui ont donné le signal de la brillante transformation opérée depuis le second Empire dans notre Ville.

M. Louis Méry, dans les rares loisirs d'une vie en grande partie absorbée, depuis 22 ans, par ses devoirs de professeur de Faculté, s'est montré, dans la Presse locale, ami de l'ordre et de la liberté, et dévoué à une Dynastie qui a inspiré le frère de M. Louis Méry, auteur des poèmes de NAPOLÉON Ier EN ÉGYPTE et de NAPOLÉON III EN ITALIE.

Inspection des Monuments Historiques

Nommé Inspecteur des Monuments Historiques
dans les Bouches-du-Rhône et Correspondant du
Ministère, par M. Duchatel, Ministre de l'Intérieur,
M. Louis Méry a rédigé plusieurs rapports qui lui
ont valu de précieuses félicitations. Comme Conser-
vateur du Musée du Château Borély, en vertu d'un
arrêté du Maire de Marseille, en date du 25 mai 1860.
M. Louis Méry a provoqué l'envoi des plâtres de
Puget dans ce Musée et présenté sur la belle collection
des antiquités égytiennes de M. le docteur Clot-Bey,
un rapport pour demander que la Ville fit l'acquisition
de ces antiquités dont s'est enrichie la galerie du
Château Borély.

Professorat

Pendant 22 ans, M. Louis Méry, nommé professeur
de littérature étrangère à la Faculté des Lettres d'Aix
qui ne compte plus que deux des cinq professeurs de
l'époque de sa création, — 16 septembre 1846, —

M. Bonafous, doyen, Chevalier de la Légion-d'Honneur, et M. Louis Méry, — celui-ci s'est efforcé de remplir consciencieusement ses devoirs, soit dans sa chaire d'Aix, soit dans ses cours à la Faculté des Sciences de Marseille. Il s'est livré à une longue étude des littératures étrangères et s'est attaché à l'intelligence et à l'explication des textes.

Voici une énumération incomplète de ses travaux de professeur :

Un TRAVAIL sur la langue romane et les Troubadours, sur le ROMANCERO, sur le drame et le roman en Espagne.

Etudes sur Dante ; — Etudes sur Shakespeare ; — Les différents âges de la littérature italienne, de la littérature espagnole et portugaise, de la littérature anglaise et de la littérature allemande ; — Coup-d'œil sur les lettres anglaises sous les trois Georges.

Après avoir pris l'avis de ses collègues et s'être muni de l'autorisation de M. Mottet, Recteur de l'Académie d'Aix, M. Louis Méry eut l'honneur de proposer à M. Honnorat, maire de Marseille, l'établissement de cours publics dans cette Ville, que professeraient les membres de la Faculté d'Aix. L'idée était ainsi jetée dans une terre où elle devait heureusement, mais plus tard, germer et croître.

M. Lagarde, Maire de Marseille, en 1860, accueillit favorablement un projet qui devait faire participer aux avantages des cours des Facultés voisines, une Cité où la parole publique a toujours attiré une foule d'auditeurs. Feu M. Descloseaux, le successeur de M. Mottet dans le rectorat d'Aix, appuya de l'autorité de son titre une idée née dans une famille universitaire. La délibération du Conseil Municipal qui approuvait la création des cours à Marseille, ne sortit pas d'abord à effet. M. Onfroy, qui avait remplacé M. Lagarde, remit, sur l'instante prière de M. Louis Méry, cette délibération sous les yeux du Conseil qui l'approuva de nouveau et ainsi fut assurée une création dont le succès ne s'est pas démenti depuis bien des années.

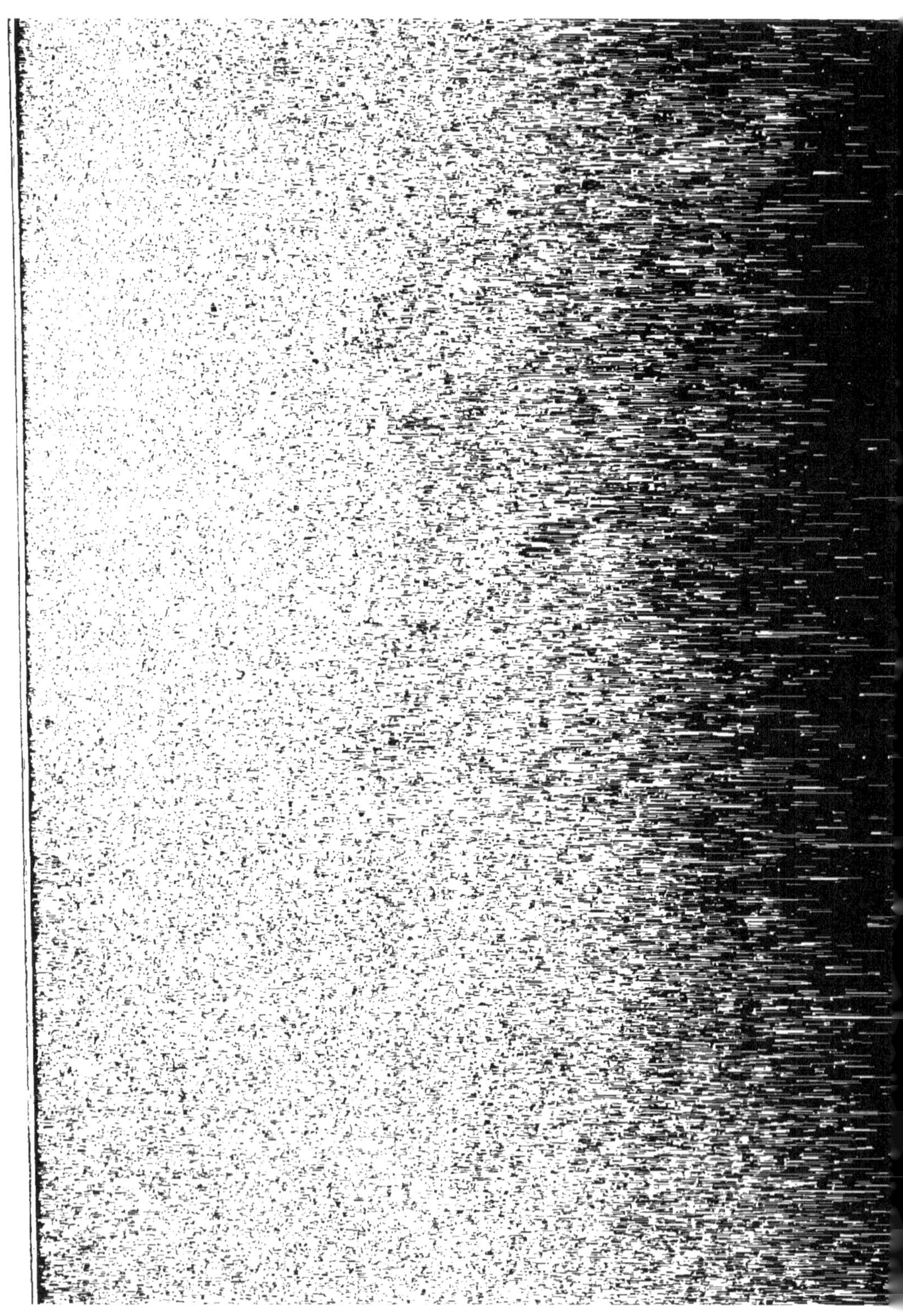

www.ingramcontent.com/pod-product-compliance
Lightning Source LLC
Chambersburg PA
CBHW061457050726
47593CB00004B/1668